BEI GRIN MACHT SICH IHR WISSEN BEZAHLT

- Wir veröffentlichen Ihre Hausarbeit,
  Bachelor- und Masterarbeit

- Ihr eigenes eBook und Buch -
  weltweit in allen wichtigen Shops

- Verdienen Sie an jedem Verkauf

Jetzt bei www.GRIN.com hochladen und kostenlos publizieren

Sebastian Eder

Geeignete Vermittlung der politischen und sozialen Hintergründe des Lebens Jesu als Vorbereitung auf eine Filmvorführung

GRIN Verlag

Bibliografische Information der Deutschen Nationalbibliothek:

Die Deutsche Bibliothek verzeichnet diese Publikation in der Deutschen National-
bibliografie; detaillierte bibliografische Daten sind im Internet über http://dnb.d-
nb.de/ abrufbar.

Impressum:

Copyright © 2010 GRIN Verlag GmbH
Druck und Bindung: Books on Demand GmbH, Norderstedt Germany
ISBN: 978-3-656-64798-0

Dieses Buch bei GRIN:

http://www.grin.com/de/e-book/272067/geeignete-vermittlung-der-politischen-
und-sozialen-hintergruende-des-lebens

GRIN - Your knowledge has value

Der GRIN Verlag publiziert seit 1998 wissenschaftliche Arbeiten von Studenten, Hochschullehrern und anderen Akademikern als eBook und gedrucktes Buch. Die Verlagswebsite www.grin.com ist die ideale Plattform zur Veröffentlichung von Hausarbeiten, Abschlussarbeiten, wissenschaftlichen Aufsätzen, Dissertationen und Fachbüchern.

Besuchen Sie uns im Internet:

http://www.grin.com/

http://www.facebook.com/grincom

http://www.twitter.com/grin_com

SEMINARARBEIT

„Geeignete Vermittlung der politischen und sozialen Hintergründe des Lebens Jesu als Vorbereitung auf eine Filmvorführung"

Sebastian Eder

09.11.2010

In dieser Seminararbeit wird sich mit der Frage auseinander gesetzt, welche politischen und sozialen Hintergründe zur Zeit Jesu vorgeherrscht haben und inwiefern diese Thematik Jugendlichen im Firmungsalter näherzubringen ist. Die hohe Bedeutung dieser Frage ist dabei darin begründet, dass das Verständnis der "Lebenswelt" Jesu einen "neuen" Denkanstoß und eine "neue" Wahrnehmung für aktuelle und moderne Probleme bieten kann.

Inhaltsverzeichnis

1. Armut und Reichtum, ein immer fortwährender Gegensatz in der Menschheit

Deutschland im Juli 2008: Der dritte Armutsbericht, mit dem Titel „Lebenslagen in Deutschland" der Bundesregierung der Großen Koalition ist veröffentlicht worden. Der analytische Bericht führt zu einer ernüchterten Stimmung in der deutschen Gesellschaft. Wieder hat sich die Schere zwischen Arm und Reich vergrößert, obwohl im Beobachtungszeitraum die Arbeitslosigkeit eigentlich abnahm und die Wirtschaft einen Aufschwung erlebte.

„Was würde Jesus, der Herr der Gerechten und Armen zu dieser Situation in unserer heutigen Gesellschaft sagen?"

Diese Frage, die meist im schulischen Religionsunterricht und der Firmvorbereitung erörtert wird, setzt jedoch voraus, dass man über die Gesellschaft, in der Jesus lebte, ausreichend informiert ist.

So ist das Thema dieser Seminararbeit entstanden:

„Geeignete Vermittlung der politischen und sozialen Hintergründe
des Lebens Jesu als Vorbereitung auf eine Filmvorführung"

Wie in der Themenstellung bereits enthalten ist, soll diese Arbeit als Ziel haben, Jugendliche geeignet an einen Jesusfilm heranzuführen, indem ihnen mit Hilfe eines entworfenen Arbeitsblatts wichtige Details der damaligen Lebenssituation in Palästina weitervermittelt werden.

2. Politische und soziale Hintergründe des Lebens Jesu

2.1 Die politische Struktur in Palästina

Palästina ist in der Antike ein Brennpunkt der Weltpolitik gewesen. Die geographische Lage, von Jürgen Roloff als „Verbindungsscharnier zwischen Kleinasien, Ägypten und dem Vorderen Orient"[1] bezeichnet, hat Palästina immer wieder vor die Herausforderung gestellt, sich gegenüber den umliegenden Großmächten behaupten zu müssen.[2] Als eines der wichtigsten Ereignisse der Geschichte gilt die Eroberung durch Rom.

2.1.1 Die Römer und die herodianische Dynastie

2.1.1.1 Rom als Eroberer Palästinas und Begründer der herodianischen Dynastie

Palästina ist 63 v. Chr. durch Pompeius okkupiert und in die syrische Provinz des römischen Reiches eingegliedert worden. Der Idumäer Antipater, Vater von Herodes dem Großen, hat die durch den Sieg Cäsars über Pompeius veränderte Lage in Rom geschickt zu nutzen gewusst und dabei Cäsars Gunst gewonnen,[3] so dass er 47 v. Chr. zum Prokurator[4], also Verwalter, über Palästina ernannt worden ist. Er ist zum Stammvater einer neuen Dynastie, nämlich die der Herodianer, geworden. Herodes I., auch Herodes der Große genannt, ist mit der Unterstützung von Octavian, dem späteren Kaiser Augustus, durch den römischen Senat zum König ernannt worden.[5] „Im Jahre 40 v. Chr. erhielt das Land eine beschränkte Selbstständigkeit zurück: Herodes bekam es als Klientelkönigtum von Roms Gnaden."[6] Martin Ebner bringt diese politische Entwicklung so zum Ausdruck: „Aus einem souveränen Land Israel war ein Vasallenland geworden [...]"[7] Die Bezeichnung ist deshalb zutreffend, weil Rom zum einen von den belehnten Machthabern jährliche finanzielle Zahlungen zur Legitimierung ihrer Herrschaft eingefordert hat und zum anderen durch die Erteilung, beziehungsweise den Entzug des Regierungsauftrages über die Herr-

---

[1] Roloff, Jürgen: *Jesus*. München: Orig.-Ausgabe, 4. Aufl. Beck, 2007.
[2] Vgl. Roloff, Jürgen: Jesus, Seite 33
[3] Vgl. Bornkamm, Günther: *Jesus von Nazareth*. Stuttgart u.a: 14. Aufl. Kohlhammer, 1988. Seite 26
[4] Vgl. Roloff, Jürgen: Jesus, Seite 34
[5] Vgl. Bornkamm, Günther: Jesus von Nazareth, Seite27
[6] Conzelmann, Hans; Lindemann, Andreas: *Arbeitsbuch zum Neuen Testament*. Tübingen: 10., überarbeitet und erweiterte Auflage. Mohr, 1991. Seite 162
[7] Ebner, Martin: *Jesus von Nazaret*. Stuttgart: Katholisches Bibelwerk, 2007. Seite 52

scher und deren Amtszeit bestimmt hat.[8] Die Machtkonstellation resümiert Jürgen Roloff in seinem Werk „Jesus" so: „Freilich übte Rom seine Macht zunächst für etwa sieben Jahrzehnte nur indirekt aus, und zwar über die Dynastie der Herodianer."[9]

2.1.1.2 Die Aufteilung Palästinas in drei Herrschaftsgebiete

Obwohl nach dem Tod des Königs Herodes der Große 4 v. Chr. das jüdische Volk bei dem Kaiser in Rom die Bitte, die Ära der Herodianer zu beenden, vorgebracht hat, hat der Kaiser Augustus dessen Testament bestätigt[10] und das Land ist unter seinen Söhnen Archelaus, Herodes Antipas und Philippus aufgeteilt worden. Archelaus hat den Titel Ethnarch, also Volksfürst, zugesprochen bekommen und seine beiden Brüder sind zu Tetrarchen, Herrscher eines Viertels, ernannt worden.[11]

Der Bezirk des Ethnarchen Archelaus:

Archelaus hat dabei die zwei benachbarten, jedoch durch religiöse Unterschiede[12] verhassten[13] Regionen, Samaria und Judäa mit Idumäa zugeteilt bekommen. Somit hat sein Areal den größten Teil des von Herodes dem Großen beherrschten Territoriums dargestellt. Der Kaiser Augustus hat dem Ethnarchen versprochen, dass dieser die Königswürde erhalten wird, sollte er sich der Nachfolge seines Vaters würdig erwiesen haben.[14] Jedoch hat ihn der römische Kaiser bereits nach zehn Jahren, also 6 n. Chr. aufgrund von Bestrebungen aus den Reihen der judäischen Aristokratie und der Samariter abgesetzt[15] und ihn nach Gallien ins Exil geschickt.[16] Sein zu befehligender Herrschaftsgebiet ist seitdem als kaiserliche Provinz namens Judäa von römischen Präfekten aus

---

[8] Vgl. Ebner, Martin: Jesus von Nazaret, Seite 52
[9] Roloff, Jürgen: Jesus, Seite 43
[10] Vgl. Stambaugh, John E.; BALCH, David L.: *Das soziale Umfeld des Neuen Testaments.* Göttingen: Vandenhoeck und Ruprecht, 1991. Seite 20
[11] Vgl. Stambaugh, John E.; u.a.: Das soziale Umfeld des neuen Testaments, Seite 20
[12] Vgl. Theißn, Gerd; Merz Annette; Burchard, Christoph: *Der historische Jesus.* Göttingen: 3., durchgesehene und um Literaturnachträge ergänzte Auflage. Vandenhoeck und Ruprecht, 2001. Seite 165
[13] Vgl. Ebner, Martin: Jesus von Nazaret, Seite 51
[14] Vgl. Connolly, Peter; Höpfner, Thomas M.: *Das Leben zur Zeit des Jesus von Nazareth.* Hamburg: Tessloff-Verlag, 1984. Seite 46
[15] Vgl. Bornkamm, Günther: Jesus von Nazareth, Seite 28
[16] Vgl. Stambaugh, John E.; u.a.: Das soziale Umfeld des neuen Testaments, Seite 21

dem Ritterstand[17] mit der Bezeichnung „Praefectus civitatis", also Statthalter, zu denen auch der Amtsinhaber von 26 n. Chr. bis 36 n. Chr. Pontius Pilatus zählt, verwaltet worden. Judäa zusätzlich der Oberaufsicht durch den Statthalter von Syrien unterlegen[18] ist jedoch auch in Zeiten der römischen Verwaltung ein Unruhegebiet geblieben.

Der Bezirk des Tetrarchen Philipus:

Philippus hat die nordöstlich vom See Genezareth gelegenen und durch Nichtjuden besiedelten Bezirke Gaulantis, Trachonitis und Batanäa, in denen viele griechische Städte gewesen sind und viele Syrier gelebt haben,[19] zur Verwaltung erhalten.[20] Er ist 34 n. Chr. verstorben und ist somit der einzige regierende Nachkommen Herodes des Großen gewesen, der nicht durch Rom abgesetzt worden ist. Dadurch dass der Tetrarch einerseits im Hinblick auf seine Wertschätzung der hellenistischen Kultur seinem sich dem Hellenismus enger als dem Judentum verbunden fühlenden Vater[21] geglichen hat, andererseits jedoch keine Ähnlichkeit mit diesem bezüglich dessen sturen Ehrgeizes und dessen unermesslicher Grausamkeit zum Vorschein gebracht hat, hat sich Philippus zu einem ungewöhnlich guten Regent des herodianischen Geschlechts entwickelt. Seine Staatsführung ist ohne irgendeine Auffälligkeit stabil und sicher gewesen. John E. Stambaugh und David L. Bach schreiben in ihrem Werk „Das soziale Umfeld des Neuen Testaments":

„Zu Philipps Tetrarchie, die dieser bis zu seinem Tod 34 n. Chr. regierte, gehörten viele griechische Städte, und sogar die Juden, die dort lebten, waren mit der Familie des Herodes recht zufrieden. Philipps Herrschaft war deswegen ruhig."[22]

Da in dieser Linie jedoch keine männlichen Nachkommen vorhanden gewesen sind, ist das Gebiet der Provinz Syrien hinzugefügt worden.

Der Bezirk des Tetrarchen Herodes Antipas:

Herodes Antipas, oft nur Herodes genannt, ist Landesherr über die lokal getrennten, jedoch ethnisch homogenen Landstriche Galiläa und Peräa gewor-

---

[17] Vgl. Stambaugh, John E.; u.a.: Das soziale Umfeld des neuen Testaments, Seite 21
[18] Vgl. Theißen, Gerd; u.a.: Der historische Jesus, Seite 165
[19] Vgl. Connolly, Peter; u.a.: Das Leben zur Zeit des Jesus von Nazareth, Seite 46
[20] Vgl. Ebner, Martin: Jesus von Nazaret, Seite 51
[21] Vgl. Stambaugh, John E.; u.a.: Das soziale Umfeld des neuen Testaments, Seite 19
[22] Stambaugh, John E.; u.a.: Das soziale Umfeld des neuen Testaments, Seite 20

den.[23] Seine Regentschaft hat von 4 v. Chr. bis zu seiner Absetzung und Verbannung nach Gallien durch den Kaiser Caligula im Jahre 39 n. Chr. gehalten.[24] Nach dem Tod des Herodes dem Großen ist in Galiläa, noch bevor der mit seinen Brüdern in Rom bei dem Kaiser verweilende Herodes Antipas seine Herrschaft angetreten hat, ein Aufstand ausgebrochen, den der syrischen Statthalter durch die Zerstörung der Stadt Sepphoris, die später wieder aufgebaut worden ist, niedergeschlagen hat. Gerd Theißen und Annette Merz schreiben dazu: „So grausam ist damals keine andere jüdische Stadt behandelt worden."[25] Dieses Ereignis, sowie andere kleine Tumulte, wie zum Beispiel die Empörung des Volks über die gegen das jüdische Recht verstoßende Ehe zwischen Herodes und seiner Frau Herodias und die darauffolgende öffentliche Anprangerung, haben zu einem angespannten Verhältnis zwischen Herrscher und Beherrschten geführt, welches jedoch während seiner Tetrarchie von keiner Seite derart überreizt worden ist, dass Herodes Antipas die politische Führung hätte abgeben müssen, doch durch eine aufgrund des Wunsches seiner Frau gestellten Anfrage auf den Königstitel hat er den Kaiser Gaius, heute meist als Caligula bekannt, so sehr verärgert, dass anstelle einer Rangerhöhung, eine Entmachtung und die Verbannung ins gallische Exil die Folge gewesen ist.

2.1.1.3   *Kurzzeitige Wiedervereinigung unter dem König Herodes Agrippa I.*

Herodes Agrippa I., Enkel Herodes' des Großen, ist durch den Kaiser Gaius, seinem Freund, im Jahre 37 n. Chr. König über das ehemalige Gebiet des Philippus' geworden.[26] Des Weiteren ist ihm zuerst das freigewordene Gebiet des Herodes Antipas hinzugefügt worden. Schließlich hat der Kaiser Claudius die ihm unterstehende Provinz Judäa dem bereits über zwei der drei Bezirke herrschenden Herodes Agrippa I. geschenkt, da dieser ihm wesentliche Unterstützung zur Nachfolger des ermordeten Kaisers Caligula gegeben hat.[27] Das Land ist somit noch einmal in den folgenden Jahren von 41 n. Chr. ab einheitlich, wie zur Zeit des ersten herodianischen Königs und freier als zur Zeit der direkten Nachfolger Herodes' des Großen regiert worden ist. John E. Stambaugh und

---

[23] Vgl. Theißen, Gerd, u.a.: Der historische Jesus, Seite 165
[24] Vgl. Stambaugh, John E.; u.a.: Das soziale Umfeld des neuen Testaments, Seite 20
[25] Theißen, Gerd; u.a.: Der historische Jesus, Seite 166
[26] Vgl. Connolly, Peter; u.a.: Das Leben zur Zeit des Jesus von Nazareth, Seite 56
[27] Vgl. Connolly, Peter; u.a.: Das Leben zur Zeit des Jesus von Nazareth, Seite 60

David L. Bach formulieren feststellend: „Damit bestand nochmal ein unabhängiges Königreich unter dem herodianischen Königshaus, [...]"[28] Da Agrippa I ein gläubiger Jude gewesen ist, somit seiner jüdischen Bevölkerung nicht fremd erschien, ist er als milder und gerechter König wahrgenommen worden. In seiner Jugend, die er in Rom verbracht hat, hat er sich jedoch auch mit der hellenistischen Kultur angefreundet, so dass er auch Feste des Kaiserkultes gefeiert hat. Während einer Feierlichkeit dieser Art ist er an einer Blinddarmentzündung, die die Juden und die von ihm verfolgten Christen als Strafe für seine Teilnahme an heidnischen Bräuchen betrachtet haben, im Jahre 44 n. Chr gestorben.[29] Da seinem sechzehnjährigen Sohn Agrippa II. wegen seines jungen Alters von Kaiser Claudius nicht zugetraut worden ist, sich als König durchzusetzen, hat dieser die Herrschaft über Gebiete Judäa mit Samaria und Galiläa verloren, die als römische Provinz, stellvertretend durch Beamte mit dem Titel Prokurator, nicht mehr Präfekt, jedoch mit gleicher Aufgabe, verwaltet worden sind.[30] Agrippa II. ist aber „in den Jahren 53-95 „König" der alten Tetrarchie Phillipus"[31] geblieben.

2.1.2 Einflüsse religiöser Gruppierungen und der Hohe Rat

Die Bewohner des gelobten Landes sind nicht nur aufgrund unterschiedlicher politischer Führer, sondern vor allem durch verschiedenartige Religionsauffassungen gespalten gewesen. „Innerhalb des palästinischen Judentums gibt es unterschiedliche religiöse Gruppen („Parteien")"[32], die jeweils andere Ziele, Wünsche und Hoffnungen für sich und ihr Land gehabt haben. Die vier bedeutendsten Parteien sind die Pharisäer, die Sadduzäer, die Zeloten und die Essener.

Zu den Pharisäern:

Günther Bornkamm bewertet in seinem Buch „Jesus von Nazareth" die Pharisäer als wichtigste Gruppe.[33] Die Mitglieder sind gewöhnlich weder aus Priesterfamilien, noch aus der Aristokratie, sondern aus strengreligiösen Volks-

---

[28] Stambaugh, John E.; u.a.: Das soziale Umfeld des neuen Testaments, Seite 23
[29] Vgl. Stambaugh, John E.; u.a.: Das soziale Umfeld des neuen Testaments, Seite 23
[30] Vgl. Connolly, Peter; u.a.: Das Leben zur Zeit des Jesus von Nazareth, Seite 60
[31] Conzelmann, Hans; u.a.: Arbeitsbuch zum Neuen Testament, Seite 166
[32] Conzelmann, Hans; u.a.: Arbeitsbuch zum Neuen Testament, Seite 176
[33] Vgl. Bornkamm, Günther: Jesus von Nazareth, Seite 34

schichten stammend.[34] Die Bezeichnung ihrer Gruppe als Pharisäer, die sehr wahrscheinlich von „paroschim", also die „genaue Unterscheidung", abgeleitet wird, ist ein Zeichen für das die Mittel- und Unterschicht beträchtlich beeinflussende[35] Programm. Sie haben strenge Reinheitsvorschriften analog zu den Tempelrichtlinien für das private alltägliche Leben entwickelt und verpassten so „den „Laien" eine priesterliche Lebensordnung"[36], um sich so von denen, die sich nicht nach dieser gerichtet haben, also von Natur aus unreine Nichtjuden, zu differenzieren und jene schließlich zu meiden. Eine klare „ohne explizit politisch formuliert werden zu müssen[de]"[37] Trennung der pharisäischen Bevölkerung vor allem in Bezug auf die Römer ist die Folge gewesen. Sie haben die Meinung vertreten, dass durch die kultische Reinigung der Gesellschaft, also dem Abwehren und Ausstoßen alles Unreinen, das dem Willen Gottes nicht entspricht, die für Israel bevorstehende göttliche Wende vorbereitet wird.[38] Ein Merkmal dieser Bewegung ist ihr Glaube an die Eschatologie in der Form, wie sie Jürgen Roloff in seiner Aussage, „Sie erwarteten eine allgemeine Totenauferstehung am Ende der Geschichte, [...]"[39], erwähnt. Die Gruppe Pharisäer hat den „Jüdischen Krieg" von 66 n. Chr. bis 74 n. Chr. unversehrt überstanden.

Zu den Sadduzäern:

Die Partei der Sadduzäer, benannt nach dem Hohepriester Zadok um 1000 v. Chr., hat aus den Familien der priesterlichen Aristokratie in Jerusalem bestanden. Ihre Autorität ist in der Bevölkerung viel geringer als die der Pharisäer, von denen sie sich als theologisch konservative Richtung durch die zum Beispiel abgelehnte Auferstehung der Toten abgesetzt hat, gewesen. Günther Bornkamm schreibt über deren Erscheinungsbild in der Gesellschaft:

„Ohne starke eigene Motive und Kräfte bieten sie das Bild einer leblos gewordenen, an ererbter Stellung und kultischem Betrieb sich genügenden >>Kirchlichkeit<<, die freilich wie so oft zu Laxheiten und Konzessionen dem jeweiligen Regime und der heidnischen Umwelt schnell bereit war."[40]

Dennoch haben sie durch ihre gute Anpassungsfähigkeit mit der maßgeblichen Vertretung in dem Sanhedrin, dem Hohen Rat, der sowohl die oberste religiöse

---

[34] Vgl. Ebner, Martin: Jesus von Nazaret, Seite 67
[35] Vgl. Roloff, Jürgen: Jesus, Seite 42
[36] Ebner, Martin: Jesus von Nazaret, Seite 67
[37] Ebner, Martin: Jesus von Nazaret, Seite 68
[38] Vgl. Roloff, Jürgen: Jesus, Seite 42
[39] Roloff, Jürgen: Jesus, Seite 42
[40] Bornkamm, Günther: Jesus von Nazareth, Seite 36

als auch die gerichtliche und nach außen hin volksvertretende Institution Palästinas darstellt, großen Einfluss inne gehabt.[41] Ihre Geschichte endet jedoch mit
der Zerstörung des Tempels 70 n. Chr.

Zu den Zeloten:

Sie sind eine Widerstandsbewegung gegen die römische Fremdherrschaft gewesen, deren Umfang und Bedeutung sich während der Zeit Jesu nur bedingt
einschätzen lässt. Ihre Partei hat sich durch vereinzelte Revolten anlässlich der
Volkszählung 6 n. Chr. gebildet. Im Mittelpunkt ihres Handelns ist die in der Zu-
kunft nahende Königsherrschaft Gottes. Der Unterschied zu den Pharisäern,
aus deren Reihen einige Mitglieder übergesiedelt sind, hat in der Gewaltbereit-
schaft der Zeloten bezüglich ihrer Zielverfolgung bestanden, denn sie „waren
von der Notwendigkeit überzeugt, Gottes „Eifern" für die Freiheit und Reinheit
seines Volkes bedürfe der Unterstützung durch das „Eifern seines Volkes"."[42]
Während des „Jüdischen Krieges" sind sie maßgeblich am Aufstand des Volkes
beteiligt gewesen.[43]

Zu den Essener:

Die Religionspartei der Essener, der Frommen, ist verhältnismäßig groß gewesen. Ihr Leben hat in einer zurückgezogenen[44] ordenshaften Gemeinschaft, in
welcher sie sich mit philosophischen und theologischen Gedanken beschäftigt
haben, stattgefunden. Da die Mitglieder die Meinung vertreten haben, dass sie
„das endzeitlich gesammelte, priesterlich reine Volk"[45] sind, und somit nur über
ihnen „das Heil in lebhafter Sichtbarkeit verwirklicht [wird]."[46] Ihre Gemeinschaft
als spirituellen Tempel betrachtend und somit das verunreinigte Gottesgebäude
Jerusalems ersetzend[47] haben sie sich weder am öffentlichen Leben noch an
der allgemeinen Ausübung des religiösen Lebens beteiligt: „Den Tempeldienst
und seine Opfer lehnten sie ab."[48]

---

[41] Vgl. Bornkamm, Günther: Jesus von Nazareth, Seite 36
[42] Roloff, Jürgen: Jesus, Seite 49
[43] Werle, Nikolaus: *Sacra Vanitas.* URL http://members.chello.at/nikolaus.werle/Palaestina.htm.
    Stand 07.09.2010
[44] Universität Duisburg - Essen: *Der historische Jesus und das christliche Selbstverständnis.*
    URL http://www.uni-due.de/Ev-Theologie/studweb/jesus/jesus-start.htm. Stand 03.11.2010
[45] Roloff, Jürgen: Jesus, Seite 46
[46] Roloff, Jürgen: Jesus, Seite 46
[47] Vgl. Roloff, Jürgen: Jesus, Seite 45
[48] Werle, Nikolaus; Sacra Vanitas

Zu dem Sanhedrin, Hohen Rat:

Der Sanhedrin wirkt als „Senat der Provinz"[49]. Diese Institution besteht aus Mitgliedern der führenden Familien unter der Leitung des Hohepriesters, der somit nicht nur das höchste religiöse Amt bekleidet, sondern auch noch die größte politische Figur nach dem Statthalter verkörpert.[50] Der Hohepriester in der Passionszeit Jesu ist Kaiphas gewesen. Er ist von 18 n. Chr. bis 37 n. Chr. Amtsinhaber gewesen.[51]

2.2 Bevölkerungsstruktur im Hinblick auf die sozialen Aspekte

2.2.1 Wechselbeziehung zwischen Stadt- und Landbevölkerung

Zur Zeit des Messias hat die Mehrheit der Juden in kleineren Orten gelebt,[52] die hellenistisch geprägten Städte Tiberias und Sepphoris sind die Ausnahmen gewesen. Durch deren Bau und den betriebenen Handel ist einerseits die Wirtschaft angekurbelt, andererseits ist das Verhältnis der städtischen und ländlichen Bevölkerung wegen des konzentrierten Reichtums in den Städten angespannt gewesen.[53]

2.2.2 Die wirtschaftliche Lage Galiläas

„Das damalige Galiläa hatte eine vergleichsweise gesunde wirtschaftliche Struktur, wenn auch auf bescheidenen Niveau."[54] Fischerei am See Genezareth ist ein florierendes und sich rentierendes Geschäft gewesen zu sein. Dies hat daran gelegen, dass der See eine große Fischpopulation gehabt hat und auch seltene dem Export dienenden Fische[55] vorgekommen sind. Es ist anzunehmen, dass der Tetrarch Herodes Antipas die Fischereirechte am See offiziell zur Pacht vergeben hat. Die Fischer, Handwerker und andrer Gewerbebetreibende bilden sich als neue Mittelschicht zwischen Großgrundbesitzer und Tagelöhner, die am Existenzminimum gelebt haben, heraus.

---

[49] Stambaugh, John E.; u.a.: Das soziale Umfeld des neuen Testaments, Seite 21
[50] Vgl. Stambaugh, John E.; u.a.: Das soziale Umfeld des neuen Testaments, Seite 21
[51] Vgl. Conzelmann, Hans; u.a.: Arbeitsbuch zum Neuen Testament, Seite 175
[52] Vgl. Stambaugh, John E.; u.a.: Das soziale Umfeld des neuen Testaments, Seite 79
[53] Vgl. Theißen, Gerd; u.a.: Der historische Jesus, Seite 163
[54] Roloff, Jürgen: Jesus, Seite 55
[55] Vgl. Ebner, Martin: Jesus von Nazaret, Seite 55

2.2.3 Das Leben in der Familie

Die Familienstruktur ist patriarchalisch gewesen, das heißt der Mann hat das Oberhaupt verkörpert und von seiner Frau und seinen Kindern ihm gegenüber Gehorsam eingefordert.[56] Weiter sind auch die Frauen und Kinder der verheirateten männlichen Söhne des patriarchalischen Vaters hinzugezählt worden.[57] Kinder sind bereits so früh wie möglich zur Mithilfe in der Arbeitswelt herangezogen worden. Während die Töchter zu Hause die Haushaltsführung erlernt haben, sind Söhne in die Thoraschule geschickt worden. Mädchen sind mit zwölf Jahren, ein Jahr früher als Jungen erwachsen geworden.[58] Das religiöse Leben ist in der Familie durch das gemeinsame Feiern von Festen und des Sabbats verankert. Die Lebensgemeinschaft hat allen Mitgliedern Hilfe, Halt und Schutz in jeder Situation geboten.

3. Geeignete Wissensvermittlung im Hinblick auf eine Filmvorführung

Für die Wissensvermittlung ist ein Lückentext mit den dazugehörigen Füllwörtern sehr gut geeignet, denn im Vergleich zu einem normalen informativen Text erfordert dieser zum Bearbeiten wirkliche Konzentration und sollte sich eine Information nur schwer zuordnen lassen, so kann man die eingearbeitete Hilfe, die darin besteht, dass pro Buchstabe ein Platzhalter gegeben ist, in Anspruch nehmen. Ist der Lückentext ausgefüllt, so lässt sich das kleine aus elf Fragen bestehende Rätsel als zufällige Wissensabfrage gut lösen.

---

[56] Vgl. Universität Duisburg; Der historische Jesus und das christliche Selbstverständnis
[57] Vgl. Stambaugh, John E.; u.a.: Das soziale Umfeld des neuen Testaments, Seite 80
[58] Vgl. Universität Duisburg; Der historische Jesus und das christliche Selbstverständnis

4. Der Ansatz einer mögliche Antwort Jesu zu der Situation in Deutschland

Durch diese nun gewonnen Vorkenntnisse, können sich Jugendliche bei einer Filmvorführung besser in den Film hineinversetzen und weiteres Wissen erlangen, wodurch das Beantworten der als Beispiel dienenden Eröffnungsfrage möglich wird. Diese Antwort könnte wie folgt lauten:

„Allgemein lässt sich feststellen, dass sich die politischen Verhältnisse verändert haben: Sie entwickelten sich von der Alleinherrschaft in Jesus' Gesellschaft hin zur Demokratie unserer heutigen Zeit und unser Land ist im Vergleich zu Palästina nicht durch eine Fremdherrschaft unterjocht, sondern frei. Die sozialwirtschaftlichen Strukturen blieben jedoch annähernd vergleichbar. So gibt es auch bei uns nur eine sehr dünne Oberschicht mit verhältnismäßig hohem Einkommen, während sich der Mittelstand schmälert und die unter dem Existenzminimum lebenden Gesellschaftsmitglieder ansteigen.

Jesus' Lehre der Nächstenliebe und seine in Aussicht gestellte Gerechtigkeit für die Armen, exemplarisch durch die Aussage, „Eher geht ein Kamel durch ein Nadelöhr, als ein Reicher in das Himmelreich" dargestellt, soll uns zum Anlass dafür dienen, dass wir uns aktiv gegen die ungleichmäßige Verteilung der Güter und für ein sozial gerechtes Netzwerk in der Gesellschaft einbringen. Somit halten wir uns an sein Gebot: „Liebet einander, so wie ich euch geliebt habe.""

5. Anhang

5.1 Arbeitsblatt - Lückentext zur Wissensweitergabe

LÜCKENTEXT ZU DEN POLITISCHEN UND SOZIALEN HINTERGRÜNDEN DER ZEIT JESU

Füge die unten angegeben Wörter in die Lücken (_ _ _ _) so ein, dass der Text die Hintergründe wiedergibt. Falls du eine Information nicht zuordnen kannst, können dir die Striche eine Hilfe sein.

Jesus, der in den letzten Jahren der Herrschaft des Herodes' des _ _ _ _ _ _, der ein Klientelkönig durch _ _ _s Gnaden war, geboren worden ist, ist in dem Dorf _ _ _ _ _ _ _ _ in Galliens Hügellandschaft aufgewachsen. Das _ _ _ _ _ _ _ _ _ _ _ _ Herrschergeschlecht, war zu einer jährlichen _ _ _ _ _ _ -zahlung verpflichtet; Außerdem wurden sie von Rom ein- und ab- _ _ _ _ _ _ _ _.

→ Es war also ein „_ _ _ _ _ _ _ _ _ _" – Verhältnis zwischen Rom und der Dynastie

Galiläa ist dem Tetrarchen _ _ _ _ _ _ _ _ Antipas, der in der _ _ _ _ _ meist nur Herodes genannt wird, von Rom zur Regentschaft gegeben worden.

_ _ _ _ _ mit Idumäa und dem Samaria sind nach kurzer _ _ _ _ _ _ _ _ _ _ des Archelaus' als _ _ _ _ _ _ _ _ _ _ _ _ Provinz in das _ _ _ _ _ _ _ _ Reich eingegliedert worden. Die _ _ _ _ _ _ _ _ _ _ _ _ ist nun von einem _ _ _ _ _ _ _ _ _ _ _ _ ausgeführt worden. Von 26 n. Chr. bis 36 n. Chr. hatte _ _ _ _ _ _ _ _ _ _ _ _ _ dieses Amt inne.

herodianische – Großen – Tribut – Rom – Nazareth – gesetzt – Herodes – Judäa – Vasallen – Bibel – kaiserliche – Herrschaft – Pontius Pilatus – Verwaltung – Statthalter

---

Die 4 Bewegungen:

Pharisäer (die genau unter-scheidenden)	Sadduzäer (von hoheprister Zadok 1000 v. Chr.)	Zeloten (Eiferer)	Essener (Die Frommen)
Glaube an die Auferstehung der Toten	Ablehnung der Auferstehungslehre.	Gewaltbereite Widerstandsgruppe gegen die Fremdherrschaft Roms	Sie haben sich aus der Öffentlichkeit zurückgezogen. Ihre Spiritualität war ihr Tempel;
Vom Volk getragene Bewegung	(Geringeres Ansehen als Pharisäer, jedoch durch Synhedrin auch sehr einflussreich)		
Abgrenzung, durch Reinheitsgebote		Helfen Gott, die bevorstehende Wende zur Freiheit schneller einzuläuten	→ sie lehnen den Tempeldienst in Jerusalem der für sie unrein ist, ab
Gott wird Wende bringen	Mitglieder aus der priesterlichen Aristokratie		

Der Hohe Rat = Sanhedrin, ist die oberste religiose, gerichtliche und volkrepräsentierende Institution Palästinas. Der Hohepriester ist Vorsitzdender und somit nach dem Statthalter die wichtigste politische Figur im Land.

5.2 Arbeitsblatt - Kleines Rätsel zur Wissensabfrage

Rätsel zur Wissensabfrage

1	Herrscher zur Zeit der Geburt Jesu;
2	Das Königtum ist ein Klientelkönigtum durch Roms ...;
3	Die Beziehung zwischen Rom und den Herodianern lässt sich beschriebe als ...;
4	Herrscher über Galiläa zur Zeit Jesu;
5	Aus Judäa mit Idumäa und Samarien wurde eine ...;
6	Die Pharisäer glaubten an die ... der Toten;
7	Und unterschieden sich dabei von den ...;
8	Die Sadduzäer bestanden aus der ... Aristokratie;
9	Die Zeloten waren eine gewaltbereite ...;
10	Die Essener betrachteten den Tempel Jerusalems als ...;
11	Fachname für die oberste juristische, religiöse, volksvertretende Institution (Hoher Rat);

Tragen Sie die Lösungen auf der folgenden Seite ein.

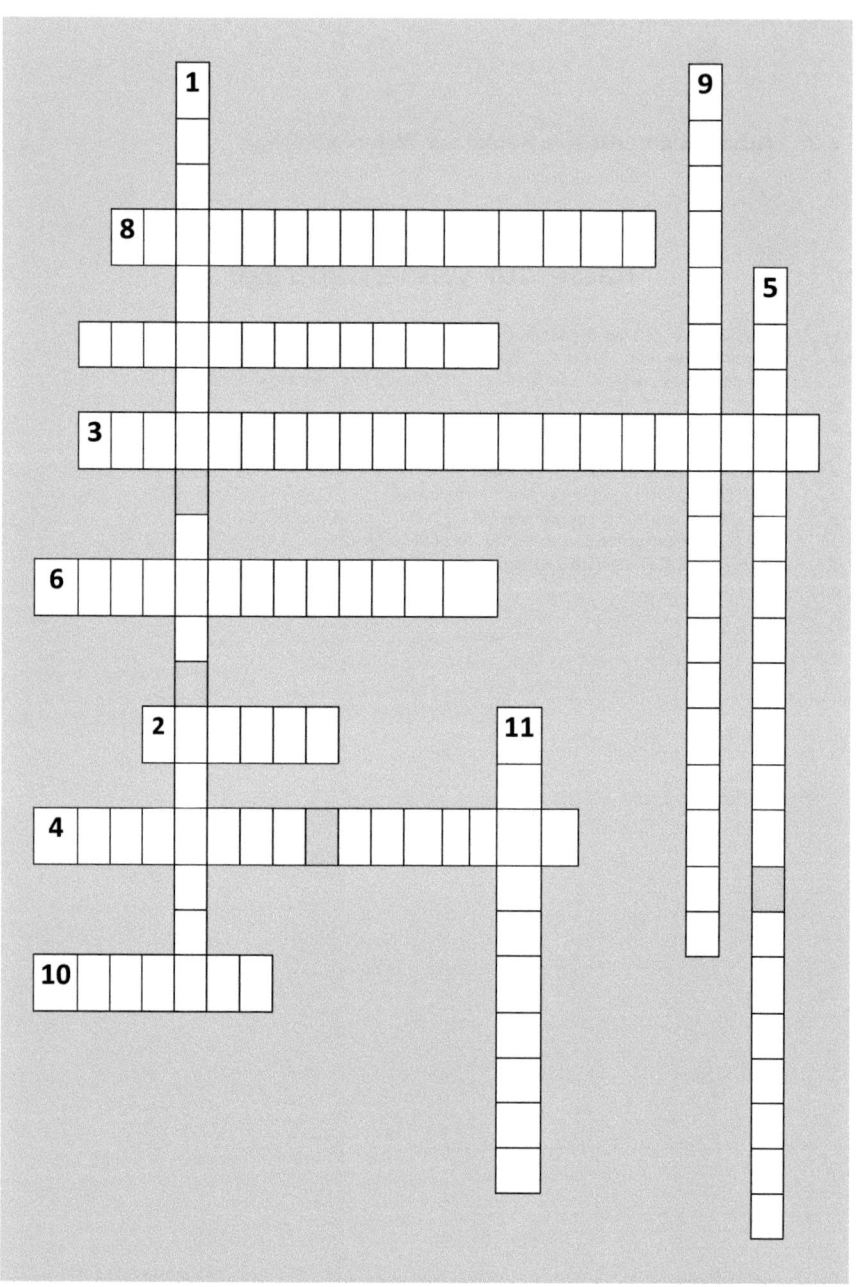

6. Literaturnachweis

6.1 Bücher

- Bornkamm, Günther: *Jesus von Nazareth.* Stuttgart u.a.: 14. Auflage.
   Kohlhammer, 1988.

   - Connolly, Peter; Höpfner, Thomas M.: *Das Leben zur Zeit des Jesus von Nazareth.* Hamburg: Tessloff-Verlag, 1984.

- Conzelmann, Hans; Lindemann, Andreas: *Arbeitsbuch zum Neuen Testament.* Tübingen: 10., überarbeitete und erweiterte. Auflage. Mohr, 1991.

- Ebner, Martin: *Jesus von Nazaret.* Stuttgart: Katholisches Bibelwerk, 2007.

- ROLOFF, Jürgen: *Jesus.* München: Originalausgabe, 4. Auflage. Beck, 2007.

- Stambaugh, John E.; Balch, David L.: *Das soziale Umfeld des Neuen Testaments.* Göttingen: Vandenhoeck und Ruprecht, 1991.

- Theißen, Gerd; Merz, Annette; Burchard, Christoph: Der historische Je sus. Göttingen: 3., durchgesehene und um Literaturnachträge ergänzte Auflage. Vandenhoeck und Ruprecht, 2001.

6.2 Internetquellen

- Universität Duisburg - Essen: Der historische Jesus und das christliche Selbstverständnis.URL: http://www.uni-due.de/Ev-Theologie/studweb/jesus/jesus-start.htm. Stand 03.11.2010.

- WERLE, Nikolaus: Sacra Vanitas. URL: http://members.chello.at/nikolaus.werle/Palaestina.htm. Stand 07.09.2010.